LA TOURELLE
de la rue Vieille-du-Temple

PAR

CHARLES SELLIER

ARCHITECTE-ARCHÉOLOGUE

Membre de la Société des Amis des Monuments parisiens
et de la Société de l'Histoire de Paris
et de l'Ile-de-France

PARIS

IMPRIMERIE DE LOUIS HUGONIS
6, rue Martel
—
1886

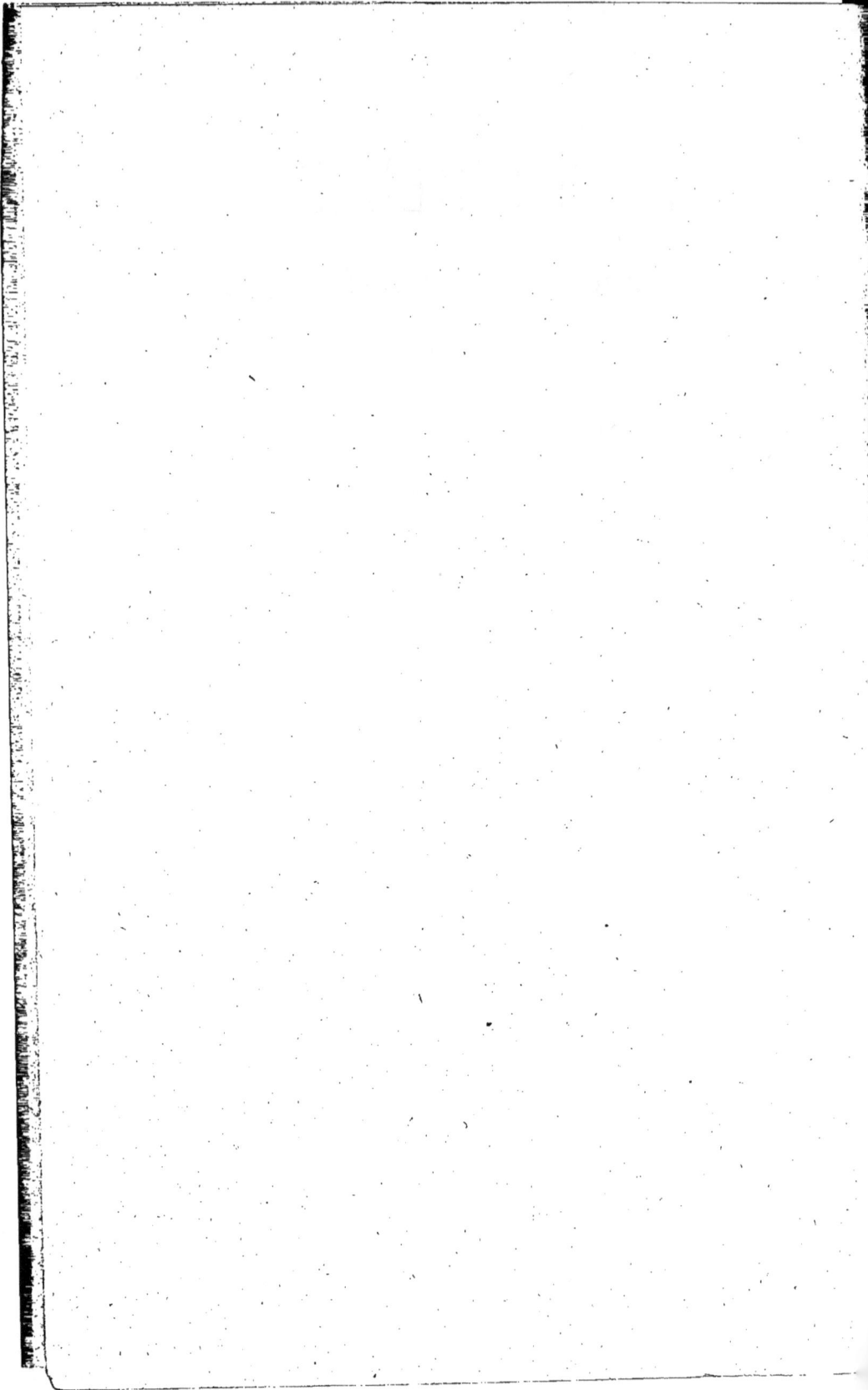

LA TOURELLE

de la rue Vieille-du-Temple

Tiré à 200 Exemplaires

LA TOURELLE

de la rue Vieille-du-Temple

CHARLES SELLIER

ARCHITECTE-ARCHÉOLOGUE

Membre de la Société des Amis des Monuments parisiens
et de la Société de l'Histoire de Paris
et de l'Ile-de-France

IMPRIMERIE DE LOUIS HUGONIS
6, rue Martel
—
1886

LA TOURELLE

de la rue Vieille-du-Temple

———

Un véritable bijou de l'art gothique, c'est la tourelle qui sert actuellement d'enseigne au magasin d'épicerie situé au coin des rues Vieille-du-Temple et des Francs-Bourgeois.

Depuis longtemps, cet intéressant monument, privé de sa toiture et déshonoré par un badigeon grossier, faisait peine à voir dans son délabrement. Aujourd'hui, il a recouvré sa physionomie primitive, grâce aux soins habiles de M. Bourdeix, l'architecte chargé de sa restauration. Félicitons-en le propriétaire, M. Missonier. Cet acte de conservation artistique est des plus méritoires par le temps de vandalisme qui court. Mais, après les réparations matérielles, il en est d'autres qu'il importe aussi d'entreprendre. Celles-ci sont du domaine de l'histoire.

Jusqu'à présent, on n'a cessé de répéter que la tourelle de la rue Vieille-du-Temple était ce qui restait de l'ancien hôtel Barbette. Des érudits, tels que Millin, Albert Lenoir, Edouard Fournier, ont si bien accrédité cette assertion, qu'il peut sembler téméraire d'y opposer le moindre doute. Nous allons

cependant essayer de prouver, en dépit des amateurs de
légendes, qu'il y a là une erreur dont il est temps de faire
justice.

Pour l'utilité de notre thèse, rappelons succintement l'histoire de l'hôtel Barbette. C'était à l'origine une maison de
plaisance que l'on appelait, la *Courtille Barbette,* parce qu'elle
se trouvait au milieu d'un *courtil,* sorte de jardin ou enclos
cultivé, et qu'elle avait été construite en 1298 par Étienne
Barbette, prévôt des marchands et maître de la monnaie sous
Philippe-le-Bel. Son emplacement, qui avait auparavant appar-
tenu aux chanoines de Sainte-Opportune, était situé au delà
d'une poterne du rempart de Philippe-Auguste, dite *porte Barbette,* et à droite du chemin qui faisait suite à la *Vieille-rue-du-
Temple* (1). En 1306, alors que le roi altérait le numéraire au
point que les bourgeois en refusaient le cours, le peuple indigné
se rua sur la courtille Barbette, en arracha les arbres et en
saccagea les bâtiments.

Cette habitation ne fut relevée de ses ruines qu'un siècle
plus tard, par Jean de Montagu, maître de l'hôtel du roi sous
Charles VI, pour la céder, en 1403, à la reine Isabeau de
Bavière, qui en fit son « *petit séjour,* » nom qu'on donnait
aux petits hôtels qu'avaient les princes et les seigneurs aux
portes de Paris. Cette demeure fut aussi appelée *hôtel de la*

---

(1) A l'origine, cette rue s'appelait tout simplement la rue du *Temple,*
parce qu'elle conduisait à la première demeure que les Templiers occupèrent
aux environs de Saint-Gervais, lors de leur établissement à Paris, c'est-à-
dire au commencement du douzième siècle. Mais lorsque ces moines-
chevaliers eurent installé leur commanderie dans le formidable manoir
qu'ils s'étaient fait construire au delà de l'enceinte de la ville, leur ancien
domicile fut appelé le *Vieil Temple,* et l'ancienne rue du *Temple* devint la
rue du *Vieil-Temple,* puis, par transformation, *Vieille-rue-du-Temple* et rue
Vieille-du-Temple.

Reine. Néanmoins le peuple lui conserva sa dénomination première et maudite, qui s'est perpétuée jusqu'à nous et dont une rue voisine garde encore le souvenir.

Au seizième siècle, l'hôtel Barbette était passé dans la famille de Brézé. Aussi, est-ce en qualité d'épouse de Louis de Brézé, comte de Maulevrier, grand sénéchal de Normandie, que Diane de Poitiers en eut la jouissance. Après la mort de son mari, arrivée en 1561, les deux filles de Diane, les duchesses d'Aumale et de Bouillon, le vendirent à des particuliers, qui le démolirent vers 1563, pour le percement des rues Barbette, du Parc-Royal et des Trois-Pavillons (1).

Voilà ce qu'ont successivement rapporté Sauval, Félibien et Piganiol de La Force. Mais aucun d'eux n'a fait mention de la tourelle. Nous n'en avons trouvé trace, pour la première fois, que dans la continuation de « l'*Histoire de France* » de Velly, par Villaret (page 477 du tome XII, édition de 1763), dans une annotation qui a trait au récit du meurtre du duc d'Orléans, lequel meurtre eut lieu dans la nuit du 22 au 23 novembre 1407, comme ce prince venait de quitter le *petit séjour de la reine*, et se rendait à son hôtel de la porte Saint-Paul. Voici ce qu'on lit dans cette note :

« ... On voit encore, au coin de la rue des Francs-Bour-
« geois, une tourelle qui n'était éloignée que de trente pas de
« l'ancien hôtel Barbette..., dont il ne subsiste plus qu'une
« porte d'une construction élégante, quoique chargée d'orne-

---

(1) Jusqu'au dix-septième siècle, la rue des Trois-Pavillons s'est appelée rue *Diane*, en souvenir de Diane de Poitiers. Le nom de Trois-Pavillons provient d'une maison composée de trois pavillons qui se trouvait autrefois située dans cette rue.

« ments. On voit sur le chapiteau (*sic*) l'écu de France semé
« de fleurs de lis, avec deux lions pour supports... »

D'après ce qui précède, la tourelle ne paraît nullement faire
partie de l'hôtel Barbette. Cependant Millin a exprimé une
opinion toute différente. Voir sa notice publiée, en 1790, dans
le premier volume de ses « *Antiquités nationales*, » au sujet
cette demeure, dont « il reste encore, — dit-il, — une porte
« qu'on ne peut, à la seule inspection, méconnaître pour être
« du règne de Charles VI, quoique ses ornements soient un
« peu dégradés..., et une tourelle qui est à l'angle formé par
« la rue des Francs-Bourgeois et la Vieille-rue-du-Temple... »

Et ce qui semble prêter quelque valeur à cette opinion,
c'est le plan topographique qui accompagne la notice, préci-
sant l'emplacement de la tourelle et de la dite porte, lesquelles
sont en outre figurées par des croquis, très imparfaits d'ail-
leurs, mais suffisants pour notre édification. De plus, ces
figures concordent assez bien avec les indications fournies par
la note de Villaret : sur le plan, la porte est, par rapport à la
tourelle, à peu près à la distance désignée ; sur l'un des croquis,
le fronton, improprement appelé chapiteau par Villaret,
montre bien l'écu aux fleurs de lis sans nombre. Ajoutons que
Millin déclare avoir emprunté la plupart de ces renseignements, écrits comme figurés, au travail très curieux de
Bonami, inséré dans les « *Mémoires sur l'Académie des belles-
lettres*», tome XXI, page 522.

Voilà probablement le point de départ de l'assertion pro-
pagée par Albert Lenoir dans sa « *Statistique monumentale de
Paris*», et par Edouard Fournier dans ses « *Chroniques et
légendes des rues de Paris*», ainsi que dans ses « *Maisons
historiques*».

Depuis lors, il ne reste plus que la tourelle. Il y a beau

jour que la porte en question n'existe plus. C'est d'elle, sans doute, que La Tynna veut parler dans son « *Dictionnaire des rues de Paris* » (édition de 1816), en disant : « On vient « d'achever de défigurer une porte rue Vieille-du-Temple, au « coin de la rue des Francs-Bourgeois, où l'on voyait encore « des vestiges de l'hôtel Barbette. » A moins qu'il ne s'agisse ici de la porte qui a disparu pour faire place à la devanture de notre magasin d'épicerie, et dont quelques traces subsistent encore derrière l'entablement de cette devanture. A notre avis, ces deux portes pourraient bien n'en faire qu'une, la même que celle visée, à quelques pas près, par Villaret, Millin et La Tynna. Mais Millin se trompe certainement en assignant au règne de Charles VI la date de cette porte, car le dessin qu'il a produit atteste un style qui est de la fin du quinzième siècle.

A propos de cette porte, Lefeuve a commis une grosse erreur dans ses « *Anciennes maisons de Paris sous Napoléon III* » (tome III, page 410), en la plaçant entre la rue des Rosiers et la rue des Francs-Bourgeois. Evidemment, cet auteur l'a confondue avec celle de l'ancien *hôtel de Notre-Dame*, plus connu sous le nom de « *maison à l'image de Notre-Dame* », où, suivant Monstrelet, s'étaient « *mussés* » avant le crime, les meurtriers du duc d'Orléans.

Quant à la madone qui servait d'enseigne à cette maison, Edouard Fournier raconte dans ses « *Lanternes* » qu'une lampe expiatoire, qui devait toujours brûler, y fut mise par l'un des assassins, Pierre Brulart. D'après la tradition, la belle Féronnière logeait auprès, et c'est à la clarté de cette lampe que le mari vit François Ier s'échapper une nuit de chez sa femme. On sait quelle fut la vengeance de Féron.

Depuis longtemps la maison à l'image de Notre-Dame a

disparu (1). On doit se rappeler que les assassins de
Louis d'Orléans y avaient mis le feu afin de masquer leur
fuite. Elle était située en face de la demeure du maréchal de
Rieux, remplacée depuis par le charmant hôtel qu'Amelot de
Bisseuil fit construire vers 1660.

Mais il est temps de revenir à notre tourelle pour l'examiner
à son tour. Portée sur un encorbellement circulaire enrichi de
moulures, elle présente la forme d'un prisme polygonal. De
légers pilastres règnent le long de ses arêtes, encadrant un
double cours de rinceaux et d'arcatures à ogives contournées
et fleuronnées. A l'étage inférieur, une fenêtre en arc sur-
baissé, surmontée d'un fronton aigu, montre encore son gril-
lage primitif. Au sommet, une corniche festonnée de trèfles,
supporte une poivrière élancée, jadis terminée par une fleur
de lis en plomb.

En procédant par comparaison, on remarque une certaine
similitude de formes de lignes entre ce monument et les tourelles de l'hôtel de Cluny. La ressemblance est encore plus
sensible avec deux autres tourelles qu'on voyait naguère, l'une
au coin de la rue Mouton et de la place de Grève, l'autre à
l'angle des rues Jean-Tison et Bailleul, non loin du Louvre.
On peut suffisamment en juger par les dessins assez fidèles qui
nous en gardent seuls le souvenir. Or, l'on sait que les unes
comme les autres sont de l'époque de Charles VIII et de
Louis XII, c'est-à-dire de la troisième et dernière période du

---

(1) *L'image de Notre-Dame* a subsisté jusqu'au moment de la Révolution,
bien qu'on ait plusieurs fois bâti sur le terrain où était la maison à
laquelle elle était attachée. D'après Bonami et Millin, c'était une vierge en
plomb, tenant l'Enfant Jésus dans ses bras, et surmontée d'un auvent
également en plomb. Elle était tournée sur la rue des Rosiers.

style ogival, appelée *gothique flamboyant ou fleuri*. Au point
de vue architectonique, on peut donc affirmer que la tourelle
de la rue Vieille-du-Temple, est de la fin du quinzième siècle,
et non pas du règne de Charles VI.

Ceci établi, il reste à supposer que la maison, à l'angle de
laquelle notre tourelle est suspendue, peut avoir été construite
au temps déterminé par son architecture, pour servir d'annexe
ou de dépendance à l'hôtel Barbette et, par suite, avoir fait
partie de l'immeuble dont les filles de Diane de Poitiers se dé-
firent en 1561. Cette hypothèse, la seule qui nous paraisse
admissible, doit cependant être abandonnée en présence de la
preuve du contraire.

Cette preuve, nous l'avons découverte dans les titres de
propriété de M. Missonier. C'est la grosse d'un décret d'adju-
dication prononcé au Châtelet le 30 avril 1561, déclarant que
damoiselle Loyse Hérouët, veuve de messire Jean Rivière,
notaire et secrétaire du roi, devient propriétaire, moyennant
3,050 livres, d'une maison sise en la Vieille-rue-du-Temple, au
coin de la rue des Poulies (1) (autrement dite des Francs-Bourgeois), « saisie réellement sur Nicolas de Caen, curateur aux
« biens vacants de Marie Malingre, veuve de Jean de La
« Balue, seigneur de Goix. » De plus, comme cette maison

---

(1) Sauval et ses copistes disent que cette rue a porté successivement les
noms *des Poulies*, *des Viez-Poulies*, *de Ferry-des-Poulies*, en 1258, et de
Richard-des-Poulies. Cet auteur ajoute que les poulies était un jeu usité alors
alors et qu'on ne connaît plus aujourd'hui, lequel produisait 20 sols parisis
de rente que Jean Gennis et sa femme donnèrent aux Templiers en 1271.
Au seizième siècle cette rue portait encore le nom des Poulies, voir
Corrozet et le plan de Saint-Victor. Ce n'est guère qu'à partir du dix-
septième siècle qu'elle s'appela des Francs-Bourgeois, en souvenir d'un
hôpital fondé vers 1350 pour y recevoir des malheureux que leur pauvreté
rendait *francs*, c'est-à-dire exempts de taxes et d'impôts.

se trouvait sur la censive de la commanderie du Temple, le décret est accompagné d'un acte d'ensaisine daté du 15 mars 1568 et d'une quittance de 15 sols et 6 deniers, montant du cens annuel, payable à l'époque de Pâques.

Il résulte de cet intéressant parchemin qu'en l'an 1561, l'hôtel Barbette et le logis de la tourelle étaient deux immeubles parfaitement distincts, et qu'ils devaient même être séparés l'un de l'autre par plusieurs autres bâtisses, puisqu'il y est dit que la maison de feu Marie Malingre était en la Vieille-rue-du-Temple « *tenante* à damoiselle Hérouet. »

Malgré toutes nos recherches, nous ignorons encore pour quel personnage fut construite cette maison. Le même décret nous apprend cependant qu'à la date du 15 septembre 1519, Jean de la Balue et Marie Malingre, son épouse, avaient constitué, au bénéfice du curé de Saint-Benoît, une rente de 8 livres 6 sols et 8 deniers à prendre sur leur maison située Vieille-rue-du-Temple, au coin de la rue des Poulies.

Qu'était-ce que ce Jean de La Balue, propriétaire du logis de la tourelle en 1519 ? Le *Grand Dictionnaire historique* de Moréri nous le dit : « Jean de La Balue, seigneur de Villepreux, « de Goix, d'Emet, de la Motte-Bonnot et de Cervolles, maître « d'hôtel du roi et de la reine de Navarre, écuyer tranchant « du dauphin, vivait en 1520. Il avait épousé Marie Malingre, « fille de Jean Malingre, conseiller au parlement, dont il eut « deux fils, Louis et Claude de La Balue. » Moréri nous apprend en outre que Jean de La Balue était fils de Nicole de La Balue, frère du fameux cardinal de La Balue, que Louis XI tint enfermé pendant onze ans dans une cage de fer, pour le punir de ses trahisons d'État.

Les La Balue étaient de noblesse très récente. On sait que le cardinal était lui-même le fils d'un meunier ou d'un tailleur, et que c'est grâce à la faveur dont il jouit auprès de Louis XI, comme ministre d'Etat, qu'il dût d'être anobli et pourvu des fiefs nécessaires, ainsi que ses proches, notamment son frère Nicole qui hérita de son temporel.

D'après ce qui précède, il y a tout lieu de penser que le logis de la tourelle était le bien propre de Marie Malingre, mariée probablement sous une sorte de régime dotal, puisque ce bien lui resta après la mort de son mari, et qu'il ne fût vendu aux enchères, le 30 avril 1561, qu'après qu'elle fût décédée.

Quoi qu'il en soit, cette tourelle, qu'on voit très distinctement figurée sur le plan de Saint-Victor de 1555, est une marque des traditions féodales. Elle indique certainement que son premier possesseur était de qualité seigneuriale, car les tours et les tourelles étaient l'apanage de la noblesse.

En disant, ce gentilhomme a une tour, on annonçait sa dignité; sa tour était sa couronne, sa girouette était sa bannière. Alors que chaque chevalier portait l'épée à son côté, chaque habitation féodale portait aussi sa tourelle qui était sa défense et sa garde.

Par suite de l'accroissement du pouvoir royal et de l'adoucissement des mœurs, les hôtels et les manoirs perdirent peu à peu de leur physionomie militaire et farouche; les tourelles qui servaient primitivement de postes d'observation ou de moyen de flanquement, ne furent plus destinées qu'à contenir un escalier à vis pour communiquer avec les étages supérieurs, ou bien à gagner, en dehors de la construction, une petite surface pour y ménager un cabinet, comme c'est précisément le cas dans la tourelle de la rue Vieille-du-Temple.

Avant de terminer, nous croyons devoir présenter les renseignements suivants. Ils sont dus également aux très obligeantes communications de M. Missonier.

Par décret rendu en la Cour des Aides le 15 mars 1659, le président de la Chambre des comptes, Jean-Baptiste Brunet de Chailly devenait à son tour adjudicataire, moyennant 26,000 livres, de l'ancienne maison de Marie Malingre « saisie « réellement sur Louise Lemercier, femme de François Teissier, » laquelle en avait hérité de son père Joseph Lemercier, époux de L. Pelloquen.

Au numéro 56 de la rue Vieille-du-Temple, le président Brunet avait pour voisin un certain Boussaingault, marchand de vins : serait-ce le même qu'un vers de Boileau a immortalisé ? Le compte de mitoyenneté qui nous informe de ce voisinage n'en dit pas plus.

En 1689, le dit Brunet de Chailly loua sa maison pour six ans à Philippe Perrotin, écuyer, seigneur de Barmont, conseiller-secrétaire du roi.

Les successeurs du président Brunet furent : son fils Pierre Brunet de Chailly ; dame du Tillet, née Brunet ; du Tillet, marquis de Villarceaux, président au parlement, dont le fils, maître des requêtes au conseil du roi, a hérité.

Cependant les Du Tillet, qui résidaient habituellement à l'hôtel d'Albret, rue des Francs-Bourgeois, ne paraissent pas avoir jamais habité cette demeure, qu'ils louaient ordinairement à des particuliers. Ils continuaient néanmoins de payer au grand-prieur de France, ainsi que leurs prédécesseurs, un cens annuel de 12 à 15 sols parisis, leur maison n'ayant pas cessé de relever de la commanderie du Temple. M. Missonier possède à cet égard une collection de quittances assez curieuses aux armes du duc de Vendôme et signées de son receveur général. Avec ces pièces se trouvent les reçus non moins intéressants de la taxe dite des boues et lanternes, perçue tous les cinq ans par les receveurs de l'État.

En 1784, le Du Tillet de la chambre des requêtes vendait enfin la maison au sieur Noleau, maître-épicier confiseur. Depuis un siècle l'épicerie possède ici pignon et tourelle sur rue.

Il ne nous reste plus qu'à mentionner les deux fenêtres du premier étage, qui conservent des restes de chambranle de la fin du quinzième siècle. Mais le vieux et le neuf vont désormais se confondre. On a remplacé les mansardes disparates qui éclairaient les combles par des lucarnes gothiques. La façade a été entièrement restituée dans son premier style. Merci, encore une fois, à l'architecte et au propriétaire, d'avoir rafraîchi la broderie de pierre de cette charmante tourelle, qui reste à coup sûr un des plus jolis modèles du genre par la légèreté de la forme et la finesse de l'ornementation.

CHARLES SELLIER.

Mai 1886.

www.ingramcontent.com/pod-product-compliance
Lightning Source LLC
Chambersburg PA
CBHW070429080426
42450CB00030B/2389